DE

L'ÉQUITATION

MILITAIRE

DE L'ANCIENNE ET DE LA NOUVELLE ÉCOLE.

Extrait du NATIONAL, numéros des 6, 10, 16 et 23 septembre 1845.

PARIS,

PAGNERRE, ÉDITEUR, RUE DE SEINE, 14 BIS,

ET AU MANÈGE DE M. DE FITTE,

RUE DUPHOT, 8.

1845

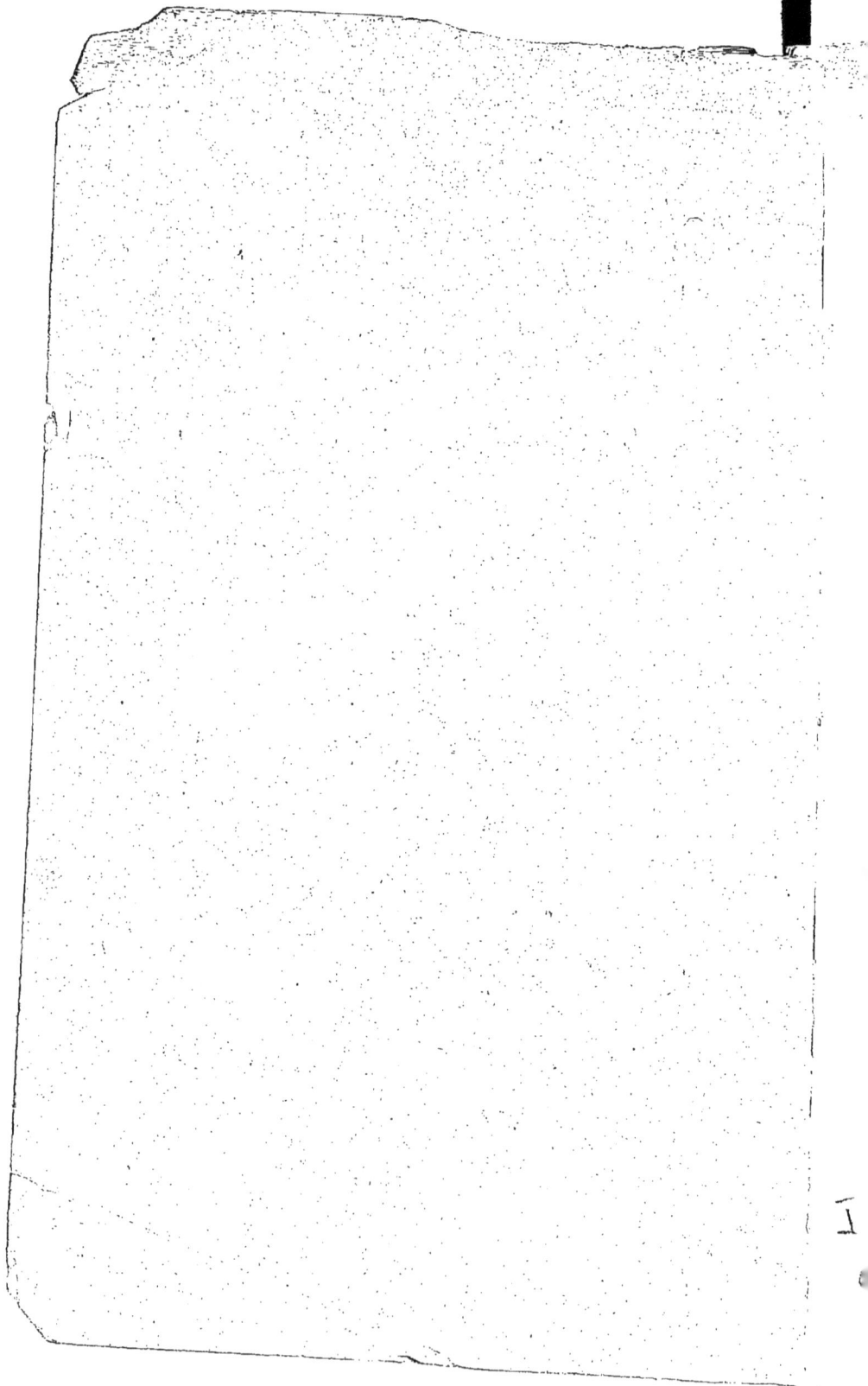

DE

L'ÉQUITATION

MILITAIRE.

DE L'ANCIENNE ET DE LA NOUVELLE ÉCOLE.

Extrait du NATIONAL : numéros des 6, 10, 16 et 23 septembre 1845.

Signé. Clément-Thomas

PARIS,

PAGNERRE, ÉDITEUR, RUE DE SEINE, 14 BIS;

ET AU MANÉGE DE M. DE FITTE,

RUE DUPHOT, 8.

—

1845

Imprimerie SCHNEIDER et LANGRAND,
RUE D'ERFURTH, 1.

AVANT-PROPOS.

Le comité supérieur de cavalerie vient de décider que mon système d'équitation cesserait d'être appliqué dans l'armée. Après le résultat des expériences et des nombreux essais qui en ont été faits pendant trois ans, après les témoignages d'approbation que j'ai reçus de la part des officiers les plus compétents, j'avoue que j'étais loin de m'attendre à une pareille détermination.

Prêt à faire abstraction de mon intérêt personnel, j'ai pensé cependant que je devais à mes élèves et aux nombreux partisans de ma méthode l'explication d'une mesure propre à faire naître le doute dans leurs esprits.

Je me disposais à commencer ce travail, lorsqu'un journal, que l'élévation de sa politique et la haute probité de sa direction placent, sans contredit, au premier rang parmi les organes de l'opinion publique, le *National*, voyant dans la décision du comité de cavalerie une question d'intérêt général, l'a discutée avec un talent, une vigueur de logique au-dessus de mes forces, et qui ne me laissent rien à ajouter. J'ai donc réuni ici ce travail, et je le livre au public comme le document le plus concluant et le plus véridique qui ait été écrit sur ma méthode d'équitation.

Un dernier mot à l'administration de la guerre.

Il m'a été dit que M. le ministre, en notifiant aux chefs de corps la décision du comité de cavalerie, leur a enjoint de continuer à faire usage des flexions d'encolure seulement, pour soumettre les jeunes chevaux difficiles. Je ne me plaindrai pas de ce qu'il y a de peu équitable à s'approprier ainsi, sans mon aveu, et sans m'en témoigner le moindre gré, une partie du fruit de mes travaux; mais je dois faire observer que cette réserve dans la décision du comité supérieur prouve combien ceux qui ont jugé mes principes en dernier ressort, les connaissent peu. Les flexions d'encolure pratiquées sur un cheval sans y joindre l'assouplissement de l'arrière-main, ne sont propres qu'à augmenter les moyens de résistance de l'animal, et à rendre la main du cavalier aussi impuissante que ses jambes. Il vaut infiniment mieux repousser le système tout entier; et je dois protester d'avance contre des résultats dont ma méthode, ainsi tronquée, ne doit pas subir la responsabilité.

F. BAUCHER.

I.

On peut lire, dans un traité d'art militaire imprimé vers la fin du siècle dernier, cette étrange définition du cavalier :

« *Cavalier*, dans l'art militaire, est un soldat qui combat à « cheval. Un bon cavalier est celui qui a bien soin de son che- « val et de son équipage, qui se tient propre, et qui observe « exactement les ordres qu'on lui prescrit. »

C'est clair et concis ; mais l'auteur aurait pu ajouter comme complément de sa définition : Pour faire un cavalier, prenez un fantassin et mettez-le à cheval.

Le général Foy comprenait autrement les difficultés, les exigences inhérentes à la condition de l'homme destiné à combattre à cheval :

« Après les qualités nécessaires au commandement en chef, « nous dit-il, le talent de guerre le plus sublime est celui de « général de cavalerie. Eussiez-vous un coup d'œil plus rapide « et un éclat de détermination plus soudain que le coursier « emporté au galop, ce n'est rien, si vous n'y joignez la vigueur

« de la jeunesse, de bons yeux, une voix retentissante, l'adres-
« se d'un athlète et l'agilité d'un centaure. Avant tout, il fau-
« dra que le ciel vous ait départi avec prodigalité cette faculté
« précieuse qu'aucune ne remplace, et dont il est plus avare
« qu'on ne le croit communément, le courage. »

Ces qualités, à des degrés divers, sont aussi nécessaires aux
officiers subalternes et aux soldats qu'aux généraux; mais
sont-elles communes dans leurs rangs? personne n'oserait l'af-
firmer. Ce n'est assurément pas la jeunesse ni la vigueur qui
manquent à nos escadrons, peuplés, comme on le sait, de l'é-
lite des contingents. Le courage, n'en doutons pas, leur est
aussi beaucoup plus ordinaire que ne semble l'admettre le général Foy. Mais ce qu'on chercherait vainement parmi nos cavaliers, ce qu'on n'y rencontre du moins qu'à des exceptions
bien rares, c'est cette adresse d'athlète, cette souplesse du centaure, si utiles pour le combat, et sans lesquelles il n'est point
de véritable homme de cheval.

Et que l'on ne pense pas que nous cédions ici à un fâcheux
esprit de dénigrement. Non; nous n'avons nulle envie de rava-
ler notre armée. Il y a plus : nous avons été à même de voir
récemment les troupes des différents Etats européens; nous
avons pu comparer; et si nous avons admiré quelquefois des
chevaux anglais, prussiens et autrichiens, nous ne partageons
pas cependant cette opinion trop légèrement admise, que notre
cavalerie est inférieure à celle de nos rivaux.

Cela put sembler vrai à une époque où cette arme, générale-
ment mal employée, était souvent peu efficace dans les opérations de campagne; mais une organisation mieux entendue,
une direction plus intelligente l'élevèrent bientôt au niveau de
sa mission. Les cuirassiers de Montbrun, de Nansouty et de
Saint-Germain, les dragons de Latour-Maubourg, la cavalerie
légère de Lassalle et de tant d'autres que nous pourrions citer,

ont laissé, Dieu merci, des fastes militaires assez glorieux pour se fonder une réputation durable. Partout, dans cette lutte gigantesque que nous avons dû soutenir contre l'Europe, nos cavaliers se sont montrés les dignes émules de notre brave et modeste infanterie qui, entre des mains habiles, fut et sera toujours la première du monde.

Est-ce une raison cependant, parce que nous ne sommes point dépassés, pour que nous restions inactifs? Tout progresse autour de nous, et si nous voulons conserver le rang qui nous appartient dans ce mouvement général des nations, nous ne devons pas seulement suivre l'impulsion, mais c'est à nous de la donner.

Nous le répétons : notre cavalerie manque de l'une des qualités les plus essentielles à son institution, de l'habileté équestre. Cette assertion paraîtra singulière sans doute aux personnes qui, étrangères à l'art de l'équitation, se figurent qu'il suffit, pour être cavalier, de rester ferme en selle, tandis qu'un cheval rapide vous emporte au galop. Mais qu'il y a loin de cette faculté vulgaire au talent de cet homme qui, maître absolu et intelligent de son coursier, le lance, le dirige, le contient à son gré ; augmente ou ralentit sans effort la vitesse de son impulsion; supplée, par un habile emploi des aides, à ses défectuosités physiques ; relève, ennoblit une organisation disgraciée ; réchauffe une nature froide ; calme, régularise une fougue trop ardente ; et, dispensateur souverain des ressorts de l'animal, les meut avec toute la promptitude, toute la justesse de la pensée!

Si la cavalerie n'était destinée qu'à charger sur des carrés et à combattre toujours en masse, elle aurait moins besoin sans doute de ces facultés si rares : semblable alors à un projectile, il ne s'agirait plus que de savoir la lancer droit et fort. Il faudrait bien encore cependant que les hommes fussent assez maîtres de leurs chevaux pour les maintenir en ligne, les arrêter au premier signal, et se rallier promptement à la voix des chefs. Mais les charges à fond sont des exceptions dans les opérations de la guerre. C'est individuellement, en tirailleurs et fourrageurs que les cavaliers doivent le plus ordinairement combattre. Quand on charge en ligne même, après le choc, on se mêle, et chacun est bien obligé d'agir ensuite pour son propre compte. Malheur alors ! malheur à celui qui, sans puissance sur son cheval, se trouve paralysé dans tous ses moyens d'attaque et de défense. Son efficacité comme soldat, sa liberté, sa vie, tout est compromis.

On a dit bien souvent qu'un brave fantassin isolé n'a rien à redouter de l'attaque d'un cavalier. Cela est vrai si le premier a pour adversaire un maladroit, que son inaptitude comme écuyer met dans l'impuissance de faire usage de ses armes ; mais peut-on douter que tout l'avantage ne soit pas au cavalier, si, loin de rester à peu près à la merci de son cheval, il sait le manier au contraire avec promptitude et une adresse telle, qu'au besoin il s'en fasse un auxiliaire pour terrasser son ennemi ? Et de ces deux cavaliers qui s'abordent, auquel restera la victoire, si ce n'est à celui qui, le mieux maître de ses mouvements, avance ou recule à propos, harcèle son adversaire, pirouette, tourne rapidement autour de lui, de manière à l'attaquer toujours du côté le plus vulnérable, tandis qu'il ne présente jamais lui-même que le flanc droit, directement protégé par son sabre. C'est de l'escrime, mais de l'escrime à cheval ; et si le cavalier ne veut pas parer à faux, et frapper souvent dans le vide, il faut bien que la même pensée qui l'anime et le dirige anime et dirige aussi son cheval.

Comment se fait-il donc que la branche de l'instruction militaire destinée à donner aux cavaliers une faculté si précieuse reste si imparfaite dans ses résultats ? Hâtons-nous de le dire :

le vice en ceci est beaucoup plus dans les principes que l'on applique que dans les hommes chargés de les faire prévaloir.

De tous les arts, celui de l'équitation, s'il n'est pas le plus noble, n'en est pas moins un des plus difficiles, et cela se conçoit. Le sculpteur, le peintre, l'architecte, ont des règles précises à consulter pour se guider dans leurs études, et des modèles qu'ils peuvent imiter. Ils agissent en outre sur des matières inertes, dociles à prendre les formes et les couleurs que sait leur imprimer le ciseau ou le pinceau. S'ils ne réussissent pas à reproduire le type du beau, but de tous leurs efforts, c'est qu'ils manquent d'intelligence pour le comprendre ou d'habileté de main pour l'exécuter ; tous les obstacles sont donc ici en eux-mêmes. Mais il faut que l'écuyer soumette à sa puissance, à sa volonté, les mouvements, l'action d'un être doué de volonté et de puissance comme lui-même, et dont la force physique est infiniment supérieure à la sienne ; sans autre point d'appui pour agir sur l'animal que l'animal lui-même, comment l'empêcher, dans un mouvement de fureur, d'emporter dans l'espace et de broyer contre le premier obstacle l'audacieux qui, tout en provoquant sa colère, ose ainsi la braver ? On le comprend, de pareilles difficultés ne sont pas faciles à surmonter, et malheureusement, les maîtres qui ont écrit sur la pratique de l'art ont émis des préceptes peu propres à aider leurs élèves dans l'accomplissement d'un tâche aussi ardue.

Tous ont bien compris et répété que la première condition à obtenir pour dompter les résistances d'un cheval, pour rendre son travail facile et régulier, est la légèreté, la souplesse, l'équilibre. Tout est là, en effet ; mais s'il est parmi les chevaux quelques organisations d'élite chez lesquelles ces qualités sont naturelles, comment les communiquera-t-on aux sujets moins privilégiés et beaucoup plus nombreux qui ne manquent d'équilibre et de légèreté que parce qu'ils pèchent par les formes ?

Voilà ce que jamais aucun maître n'a su nous dire ; ce qu'au-cun jusqu'à ce jour n'a su comprendre, puisque tous définis-sent si imparfaitement les résistances du cheval, résistances qu'ils voient et combattent, non dans leurs causes, mais dans leurs effets. De là le vague et l'incertitude qui règnent dans leurs principes ; de là aussi les contradictions nombreuses, les préceptes impuissants et barbares dont ils recommandent l'ap-plication.

D'abord, c'est *Grisone*, professeur d'équitation à Naples, ré-générateur de cet art en Europe, qui, pour assouplir et domp-ter les chevaux, prescrit de les faire travailler dans un fossé creusé en rond ; de se montrer fort cruel avec ceux de ces ani-maux qui sont sensibles et de trop grand cœur ; de les frapper à coup de baguette sur la tête, entre les deux oreilles.

Vient ensuite *Pluvinel*, qui attache son cheval au bout d'une longe et invente cet énorme fouet appelé chambrière, pour faire trotter et galoper le pauvre animal en le chargeant de coups.

Newcastle, à son tour, lie fortement le cheval au pilier par une rêne du caveçon, saisit l'autre rêne, s'adjoint un premier auxiliaire armé d'un poinçon, un second muni d'une houssine, et, à eux trois, *ils trouvent ainsi la pierre philosophale* pour dresser parfaitement tous les chevaux.

On peut lire dans *Laguerinière*, *Montfaucon* et autres, cer-tains principes tout aussi rationnels. Et que l'on ne pense pas que de nos jours l'expérience et le bon sens aient au moins fait justice de ces procédés aussi sauvages qu'absurdes. Un écuyer contemporain d'un certain renom recommande aux cavaliers qui auraient *offensé, rompu* la barre droite d'un cheval à l'aide de la rêne, sans pouvoir le faire tourner à droite, d'offenser aussi, c'est-à-dire probablement de meurtrir, de rompre la barre gauche pour le forcer à exécuter ce mouvement.

Les hommes cependant qui ont émis de pareils préceptes n'étaient pas sans mérite, et il ne faudrait pas les juger absolument d'après les principes qu'ils ont professés. Tous furent, au contraire, des écuyers distingués, les premiers, les plus habiles de leur temps. Mais si leurs succès comme praticiens n'ont jamais pu dépasser certaines limites, s'ils sont restés impuissants à surmonter eux-mêmes et à définir d'une manière satisfaisante les plus graves difficultés de leur art, c'est que, sans se l'avouer peut-être, ils n'ont jamais su comprendre les véritables principes de ces difficultés. Cette particularité, en expliquant les contradictions nombreuses, le vague, l'inefficacité de leurs écrits, explique aussi comment il se fait que l'art de l'équitation, sans boussole jusqu'ici pour lui servir de guide, a été, pour ainsi dire, livré au hasard, le véritable talent équestre dépendant uniquement de l'aptitude personnelle de chaque écuyer.

Que pouvait donc faire, au milieu de ce labyrinthe inextricable de principes erronés et contradictoires, la commission militaire chargée de puiser chez les maîtres de l'art des principes applicables à l'instruction de la cavalerie? Rien que ce qu'elle a fait : c'est-à-dire, emprunter à chaque auteur ce qu'il y avait de plus simple et de moins dangereux dans sa méthode, et composer de ces lambeaux divers un ensemble théorique, imparfait sans doute, mais aussi conforme que possible aux exigences de l'instruction et du service de l'armée.

Mais tandis que l'équitation militaire tournait dans le cercle monotone et routinier que lui avaient tracé les règlements; tandis que les professeurs des manéges civils, admirateurs respectueux des préceptes des anciens maîtres, s'efforçaient à qui mieux mieux d'en interpréter le sens, un écuyer plus intelligent et plus hardi, fort de son expérience et de ses longues recherches, proclamait une réforme qui devait avoir dans le monde équestre le plus grand retentissement. Cet écuyer, c'est M. Baucher.

Nous allons examiner le nouveau système dont il est l'inventeur et qui porte son nom.

II.

M. Baucher a formulé les principes de sa méthode d'équitation dans un livre qui est aujourd'hui entre les mains de tous les hommes de cheval. Ce qui frappe dès l'abord dans cet exposé, ce qui fait un heureux contraste avec les nombreuses et indigestes compilations publiées antérieurement sur le même sujet, c'est la clarté, l'enchaînement, la logique des définitions que développe le nouveau maître. Il aborde franchement, hardiment, toutes les difficultés que l'ancienne école laissait dans le vague, ou qu'elle éludait, faute de les comprendre ; il explique, en termes nets et concis, l'origine des résistances du cheval, leurs causes, leurs effets ; il indique, pour les combattre et les vaincre, des procédés d'une application toute mathématique dont chacun peut vérifier aisément la justesse et l'efficacité.

« Le cheval, dit en débutant notre auteur, est doué, comme
« tous les êtres organisés , d'un poids et d'une force qui lui
« sont propres. Le poids, inhérent à la matière constitutive
« de l'animal, rend sa masse inerte et tend à la fixer au sol ;
« la force, au contraire, par la faculté qu'elle lui donne de
« mobiliser le poids, de le diviser, de le transférer de l'une à
« l'autre de ses parties, communique le mouvement à tout
« son être, en détermine l'équilibre, la vitesse, la direction.
« Il ne faut donc jamais confondre le poids avec la force ;
« celle-ci est déterminante, celui-là est subordonné. »

On ne saisit peut-être pas, au premier aperçu, toute la portée de cette définition simple et naturelle ; mais, pour peu qu'on en suive les conséquences, on voit combien est importante la distinction à établir dans l'organisation du cheval, entre les fonctions des forces et celles du poids, puisque c'est sur le jeu combiné de ces deux éléments que repose toute véritable équitation.

En effet, M. Baucher émet en principe, et il ne sera pas démenti en ceci par ses adversaires, qu'il n'est point de bonne équitation possible à moins que les mouvements du cheval ne soient soutenus, facilités par un équilibre constant et régulier entre ses diverses parties. Or l'équilibre, chez l'animal, dépendant de la répartition de son poids, et le poids lui-même n'étant distribué que par la puissance motrice, il en résulte que l'art de l'écuyer consiste à faire toujours des forces de son coursier un judicieux emploi. C'est là qu'est la grande difficulté ; et puisque l'ancienne école soutient qu'elle peut la résoudre aussi bien et même mieux que ne fait la nouvelle, examinons, en les comparant, quelle est celle dont les prétentions sont le mieux justifiées.

On a bien dit de tout temps que pour conduire un cheval, il faut être parfaitement maître de ses forces ; on a bien dit aussi que le meilleur moyen de dompter les résistances de l'animal, de rendre son travail agréable, facile, régulier, c'est d'assouplir tous les ressorts de son organisation. On s'est donc efforcé, à toutes les époques, de communiquer aux chevaux ces qualités indispensables ; mais on a toujours eu recours, pour y parvenir, à des procédés dangereux ou pour le moins inefficaces. C'est ainsi, par exemple, que si l'on ne se sert plus aujourd'hui du fossé circulaire de Grisone, ni du poinçon de Newcastle, on n'en soutient pas moins gravement qu'un excellent moyen d'assouplir un cheval, c'est de le faire marcher longtemps en cercle à toutes les allures.

Les anciens maîtres ont écrit des volumes sur l'usage du mors et de la bride, sur la position et la fonction des jambes et des mains du cavalier ; mais quand nous ont-ils donné un seul précepte rationnel pour rendre toujours efficace sur le cheval l'effet de ces importants moteurs ? Ils prétendent nous enseigner comment nous pourrons dominer les forces de l'animal, les soumettre à notre puissance, et il résulte de l'application de leurs principes que, toujours maître en nos mains d'user de ses ressorts, le cheval reste complétement livré à ses propres instincts. Il y a plus : l'ancienne école, n'admettant pas que l'on puisse remédier aux résultats de certains vices physiques, causes de résistance, et soutenant, en outre, que les dispositions morales de l'animal sont souvent pour beaucoup dans les difficultés que présente son éducation, doit nécessairement en déduire que, dans bien des cas, tous les efforts de l'écuyer viendront se briser contre des obstacles invincibles.

Ainsi, par exemple, les partisans de l'ancien système reconnaissent bien que la position perpendiculaire de la tête du cheval est la condition la plus favorable à l'effet du mors sur les barres ; mais ils soutiennent que cette position dépendant uniquement de la structure de l'animal, on ne saurait la donner à ceux auxquels la nature l'a refusée. Ne sachant pas remonter aux véritables causes qui font qu'un cheval est lourd ou léger à la main, ils attribuent à une sensibilité illusoire de bouche ce qui n'est que le résultat de la roideur des muscles de la mâchoire et de l'encolure, et ils inventent, pour y remédier, une variété d'instruments de torture propres, tout au plus, à détériorer l'organe auquel on l'applique.

L'expérience de tous les jours force bien aussi ces adversaires des idées nouvelles à reconnaître qu'une organisation défectueuse produit nécessairement le décousu, l'irrégularité

dans les allures. Mais ils ne veulent pas comprendre que l'é-
cuyer puisse remédier à cet inconvénient et rétablir dans l'é-
quilibre un ensemble plus régulier. On le voit donc : quoique
l'ancienne école n'ose avancer franchement cet étroit principe,
pour elle la bonne équitation se réduit au travail de ces chevaux rares et privilégiés, dont tous les ressorts, parfaitement
organisés, n'ont besoin, pour fonctionner avec régularité, que
d'être, pour ainsi dire, mis en mouvement. Quant aux sujets
moins favorisés, elle arrive bien, à force de patience, de temps
et de violence, à obtenir d'eux une obéissance machinale et
routinière ; mais, pour peu qu'elle veuille leur faire exécuter
un travail plus compliqué, elle rencontre éternellement les défenses contre lesquelles, dès le principe, ont échoué tous ses
efforts.

Combien la nouvelle école est plus intelligente et plus logique dans l'exposition de ses principes! M. Baucher dit bien,
lui aussi, et en termes plus formels que n'a jamais fait aucun
de ses devanciers, que toute l'équitation consiste dans la do-
mination des forces du cheval par le cavalier; mais il ne se
contente pas de le dire, il le prouve, et indique pour atteindre
ce résultat des moyens sûrs, positifs, vraiment scientifiques.
Il bat en brèche toutes les vieilles hérésies acceptées et propa-
gées par les anciens maîtres, et qui ont donné lieu, depuis l'o-
rigine de l'équitation, à tant de discussions oiseuses et stériles:

— Vous soutenez, leur dit-il, que le caractère du cheval est
souvent pour beaucoup dans les résistances qu'il oppose. Erreur ! Ces résistances n'ont dans l'origine qu'une cause physique ; elles ne se compliquent de dispositions morales que
lorsque, en débutant, vous avez recours, pour les combattre,
à des moyens plus propres à irriter le mal qu'à le corriger.

— Vous dites que l'on ne saurait remédier à la position vi-
cieuse d'un cheval qui échappe à l'action du mors en portant

le nez au vent. Erreur! Tout cheval peut être ramené par le cavalier qui saura détruire les contractions de son encolure et celles de son arrière-main.

— Vous professez que le cheval, naissant avec une bouche dure ou tendre, est plus ou moins sensible à l'appui du mors, et que ce n'est qu'au moyen d'instruments *très-actifs* qu'on pourra rendre docile à la main l'animal qui est mal partagé sous ce rapport. Erreur! Tous les chevaux ont la même sensibilité de bouche. S'ils sont lourds ou légers à la main, cela ne tient pas au plus ou moins d'épaisseur de la faible membrane qui recouvre l'os des barres, mais à la contraction, à la roideur des muscles de la mâchoire et de l'encolure, compliquées des mêmes résistances dans l'arrière-main. Faites disparaître ces vices; la prétendue dureté de bouche de votre cheval disparaîtra avec eux, et vous comprendrez alors que ce n'est point par *une main légère*, mais par *une main habile* que doit se distinguer un écuyer.

— Vous répétez aussi que les chevaux, étant plus ou moins sensibles à l'éperon, on devra éviter de le faire sentir à ceux de ces animaux qui le redoutent le plus. Erreur! Les chevaux ont plus ou moins d'action, mais tous ressentent à peu près également la *piqûre* de l'éperon. Vous confondez l'irritabilité produite par une mauvaise conformation, la disposition du cheval à se dérober à un mouvement qui lui est pénible, avec la sensibilité naturelle. Puisque vous disposez des forces de votre cheval, sachez rétablir l'équilibre dans son assiette, et vous ramènerez le calme dans ses mouvements.

— Vous prétendez que la mauvaise organisation de beaucoup de chevaux leur rendant certains mouvements pénibles et même impossibles, on doit s'arrêter devant ces difficultés. Erreur! Il ne nous est pas donné, il est vrai, de changer la constitution physique d'un cheval; mais si nous sommes

écuyers assez habiles pour faire une juste dispensation de
ses forces et pour les employer savamment ; si nous pouvons
soutenir les parties faibles, régler et contenir les parties trop
vigoureuses, nous rétablirons l'harmonie dans le jeu de ses organes, et, avec l'harmonie, la facilité, la justesse de tous les
mouvements.

Fort bien! dira-t-on peut-être ; mais comment acquérir
cette perfection équestre qui permet au cavalier de transfor-
mer, pour ainsi dire, son cheval? M. Baucher va nous l'ap :
prendre.

— Votre but, dit-il à l'écuyer, est de parvenir à dominer
les forces du cheval. Pour dominer ces forces, il faut vaincre
les résistances : vous devez donc étudier d'abord sur quelles
parties de l'animal elles ont leur principal siége. Vous em-
ployez, pour agir sur lui, deux moteurs : les jambes, qui don-
nent l'impulsion ; les mains, qui dirigent et règlent l'impulsion donnée. Or l'expérience vous démontre tous les jours
que c'est précisément sur les deux extrémités où agissent vos
jambes et vos mains, c'est-à-dire, sur l'encolure et sur les hanches, que l'animal se contracte le plus pour déjouer vos efforts. Il faut donc habituer graduellement ces parties à céder
toujours aux moteurs destinés à les diriger. Sera-ce en faisant
trotter éternellement le cheval en cercle que vous obtiendrez
ce résultat ? Assurément non. Vous exercez tout au plus par
là les muscles locomoteurs de l'animal ; mais quel effet peut
avoir ce travail sur ceux qu'il vous importe de façonner? Aucun, évidemment.

Puisque la tête et l'encolure du cheval sont le gouvernail et
la boussole du cavalier; puisque c'est par elle qu'il dirige et
contient l'impulsion, c'est en elles, d'abord, que nous nous
étudierons à détruire les résistances.

Nous amènerons le cheval sur le terrain sellé et bridé, mais

2

avec un mors simple et doux, rejetant à jamais tous ces instruments de supplice inventés par l'empirisme. Nous nous placerons à pied, en face du cheval, et, à l'aide du mors et des rênes, nous ferons exécuter aux muscles de sa mâchoire et de son encolure des flexions en sens divers ; nous répéterons le même travail étant en selle, jusqu'à ce que ces parties de l'animal, parfaitement assouplies, permettent à la tête de rester sans effort dans la position perpendiculaire et de céder sans résistance au moindre appui de la main.

Nous nous occuperons ensuite de l'arrière-main. L'avantage que nous avons déjà obtenu par l'assouplissement de l'encolure ne permettant plus au cheval de s'appuyer sur ce puissant levier pour résister à l'effet de la jambe, ses hanches céderont facilement à la moindre pression et acquerront aussi bientôt une souplesse égale à celle de l'avant-main. Nous aurons obtenu alors le *ramener*, avantage qui nous mettra à même de maintenir toujours à leur véritable place les forces qui seraient disposées à se contracter sur l'avant ou sur l'arrière-main.

Nous habituerons le cheval à conserver au pas, au trot, et pendant les changements de direction, cette légèreté, cet équilibre précieux sans lesquels il pourrait retomber dans ses défenses primitives. Nous pourrons même lui faire exécuter quelques foulées de galop ; mais avant de lui demander, à cette allure, un travail compliqué, nous aurons recours à un dernier procédé pour disposer ses forces de manière à pouvoir en faire un emploi prompt et régulier : nous commencerons les *attaques*.

Il ne faut pas s'effrayer d'un exercice que j'aurais peut-être mieux fait de définir par cette formule : *Emploi raisonné de l'éperon*. Il ne faut pas surtout lui donner l'interprétation qu'on lui applique dans l'ancien système. Les attaques, pour nous, ne seront pas un châtiment stupide, dangereux, propre tout au plus à désespérer le cheval et à le faire se renverser sur son cavalier : ce sera un moyen d'éducation, pour parfaire ce que nous avons commencé.

Le *ramener*, c'est-à-dire, l'acte de répartir également le poids sur le corps du cheval, suffit pour la régularité du pas et du trot, vu que pendant ces allures chaque extrémité du corps de l'animal est toujours supportée au moins par un de ses membres. Mais au galop, c'est différent : le mouvement s'exécute ici par foulées de l'avant à l'arrière-main, chacune de ces parties s'enlevant et se reposant alternativement sur le sol. C'est donc un flux et un reflux continuel du poids ; et, pour qu'il s'opère régulièrement, il faut que les forces, ramenées au centre du corps du cheval, puissent faciliter la régularité et la cadence des translations. Or, c'est par les attaques que nous arriverons à ce résultat.

Nous les pratiquerons d'abord de pied ferme, avec beaucoup de prudence et de gradation, faisant à peine sentir en commençant l'appui des éperons. Peu à peu nous augmenterons leur effet, et comme, pour empêcher les forces de se reporter sur l'encolure, la main répondra toujours à la vibration communiquée au cheval par nos jambes, nous finirons par réunir toutes ces forces au centre de son corps, ce qui produira le *rassembler*. Dégagées alors de toute charge, les extrémités seront prêtes à s'enlever, soit pour exécuter un piaffer régulier, soit pour prendre la direction que nous voudrons leur donner. Nous appliquerons ensuite, en marchant, les attaques aux diverses allures, continuant à faire usage de l'éperon jusqu'à ce qu'il suffise du simple appel de la main et des jambes pour amener le rassembler. C'est alors que véritablement maîtres des forces de notre cheval, nous pourrons, non-seulement lui faire exécuter avec facilité tous les exercices du manége, mais encore suppléer réellement, par l'emploi de nos aides, aux imperfections de sa nature. Nulle défense ne lui sera plus possible puisque nous aurons le pouvoir d'empêcher toute contraction des parties sur lesquelles il devrait nécessairement s'appuyer pour résister.

Telle est l'analyse succincte et bien incomplète de la méthode de M. Baucher. Nous avons essayé d'en donner à nos lecteurs une idée générale ; mais ce n'est que dans le livre du maître, ou mieux encore à son école, qu'ils pourront apprendre à l'apprécier dans tous ses détails.

On doit se figurer combien l'apparition d'un système aussi nouveau et aussi positif dut produire d'effet parmi les hommes qui s'occupent d'équitation. Six éditions de la méthode ont été successivement épuisées en France, et l'on s'est empressé de la traduire dans les principales langues de l'Europe. Un si grand succès devait susciter de nombreuses critiques ; elles n'ont pas manqué à M. Baucher, et l'on peut diviser en trois classes les opposants qu'il a rencontrés.

D'abord des hommes graves et impartiaux, qui doutaient de l'efficacité du système, faute de le bien interpréter, mais qui, mieux éclairés, l'ont en majeure partie approuvé sans restrictions.

Puis, une foule de *gentlemen* prétendus *riders*, petits messieurs à gants jaunes, parfumés d'ambre et de suffisance, qui ont trouvé fort impertinent qu'un simple artiste, un homme qui n'avait jamais paru sur le *turf* et n'était membre d'aucun club de jockeys, osât se poser comme une autorité équestre. C'était une chose aussi instructive que curieuse, d'entendre les conversations de ces habiles gens sur un sujet dans lequel ils se croient passés maîtres.

La troisième classe d'adversaires du nouveau système se composait de professeurs d'équitation civils, de collègues de M. Baucher, qui attaquaient en lui bien plus le rival que l'innovateur. Plusieurs d'entre eux ont livré leurs critiques à l'impression ; nous avons lu attentivement tous ces factums, et si nous y avons trouvé beaucoup de passion, de malveillance et même de colère, nous n'y avons pas vu, en revanche, un seul argument propre à infirmer les principes qu'on voulait condamner. Il y a mieux : nous avons reconnu que la plupart de ces Aristarques ne comprenaient pas même ce qu'ils attaquaient, et l'un d'eux a poussé la franchise jusqu'à dire qu'il n'avait pas voulu se donner la peine de l'étudier.

M. Baucher, du reste, leur a répondu vigoureusement. Après avoir réfuté leurs critiques, il a pris corps à corps ceux d'entre ses adversaires dont l'autorité avait le plus de poids ; il a analysé à son tour les principes émis antérieurement par eux ; ils les a disséqués de main de maître, et, mettant sous les yeux du public les énormités équestres, les naïvetés prodigieuses qu'on a osé imprimer, il a donné la mesure de l'autorité de ceux qui voulaient se poser comme ses juges.

Il n'est d'ailleurs pas resté seul, lui non plus, pour soutenir cette lutte ; et si les adversaires de la nouvelle école ont pu surprendre un jour la bonne foi d'un écrivain dont le talent littéraire est aussi éclatant que sa compétence en équitation est douteuse, l'innovateur a trouvé beaucoup de champions, moins illustres il est vrai dans les lettres, mais beaucoup meilleurs juges dans les questions de chevaux et d'équitation. M. de Lancosmes-Brèves, l'un des élèves les plus brillants, les plus distingués de l'ancienne école de Versailles ; M. Gaussen, amateur très-apprécié ; M. de Fitte, directeur du manége de la rue Duphot, ont écrit en faveur de la nouvelle méthode des considérations irréfutables. Ce dernier, même, en pratiquant franchement et avec intelligence ces nouveaux principes, donne à ses collègues un exemple que tous ne feraient pas mal d'imiter. Nous devons en excepter cependant M. Pellier, qui, depuis longtemps déjà, a donné, lui aussi, cette preuve de bonne foi.

Mais tout ceci n'a rapport qu'à l'équitation civile, et c'est surtout sous le point de vue militaire que le système dont nous nous occupons a pour nous de l'importance. Aussi, après cet exposé qui nous a paru indispensable, nous allons examiner comment la méthode de M. Baucher a été accueillie dans l'armée, et notre tâche ici deviendra plus facile. Nous mettrons sous les yeux de nos lecteurs les pièces officielles ; ils jugeront.

III.

Soyons juste envers tout le monde : dès que M. le maréchal ministre de la guerre apprit qu'un nouveau système d'équitation, que l'on disait fort avantageux, était professé dans un des manéges de Paris, il voulut s'éclairer sur la valeur de cette innovation ; il voulut savoir si elle contenait réellement quelque chose d'utile et qui pût être appliqué avec avantage au service de la cavalerie. M. le lieutenant général Oudinot, membre du comité supérieur de cette arme, fut chargé de se livrer aux investigations nécessaires pour fixer l'opinion du maréchal.

Ce choix était judicieux. Jeune encore, aimant le cheval et l'équitation, qu'il pratique avec hardiesse et habileté, dévoué aux intérêts de l'armée et particulièrement à ceux de la cavalerie, dont il a commandé l'école avec autant d'éclat que de talent, M. Oudinot est, en outre, un de ces officiers généraux malheureusement trop rares qui savent concilier les devoirs de leur profession avec l'indépendance qui distingue toujours un esprit élevé. On devait donc s'attendre à un jugement aussi impartial que compétent.

Le général se mit immédiatement en rapport avec M. Bau-

cher. Il se fit expliquer par l'innovateur les détails de sa méthode, la discuta de point en point avec lui, en saisit promptement la théorie, et, voulant y joindre l'application pratique,
il se refit écolier pour exécuter, sous la direction du maître,
toute la gradation des nouveaux procédés. Convaincu par
cette épreuve décisive, il informa le ministre du résultat sa-
tisfaisant de sa mission. Celui-ci décida alors que M. Baucher
ferait l'application de sa méthode sur un certain nombre de
cavaliers et de chevaux pris dans les régiments de différentes
armes en garnison à Paris. Il désigna le quartier de Sens pour
théâtre de cette expérience, et organisa, pour la surveiller et
la suivre dans toute sa progression, un comité composé de :
MM. le général Oudinot, président; Carrelet, colonel de la
garde municipale; de Novital, chef d'escadron, appelé de Saumur, où il commandait le manége de l'école de cavalerie; de
Guès et de Mézange, capitaines instructeurs au 5ᵉ cuirassiers
et au 5ᵉ lanciers.

Quels furent les résultats de cet essai? nos lecteurs vont en
juger. Nous leur avons promis des pièces officielles; nous allons reproduire les rapports des membres de la commission,
rapports bien affaiblis cependant par les abréviations que nous
imposent les étroites limites dans lesquelles nous devons nous
renfermer.

M. de Novital se prononce d'abord. Ceux qui connaissent
ce brillant officier savent de quel poids doit être son opinion
sur le sujet qui nous occupe. Après avoir exposé jour par jour
les résultats du travail, et montré les résistances des chevaux
cédant graduellement à l'application du nouveau système, il
ajoute :

« Voilà donc les résultats accomplis en *treize jours*, et
« même moins, pour certains chevaux. Les faits parlent ; ils
« sont concluants. Obtenir en quelques jours ce que l'on ne

« gagnait autrefois qu'en six mois, un an, est un avantage
« immense que la cavalerie se plaira à reconnaître. Faire de
« chaque cavalier, quel qu'il soit, l'instructeur de son cheval,
« en est un autre non moins grand. Propager le goût de l'é-
« quitation par l'attrait qu'elle a pour tous ceux qui la prati-
« quent, c'est encore un des bienfaits que doit répandre la
« méthode de M. Baucher. Cette méthode doit faire école,
« parce qu'elle s'appuie sur des principes vrais, fixes, ration-
« nels, motivés..... Je me résume en disant que si, comme
« j'aime à le croire, la nouvelle méthode est adoptée, la ca-
« valerie sera dotée d'une ressource immense basée sur des
« moyens prompts et infaillibles pour le dressage des jeunes
« chevaux et des chevaux difficiles. »

Les gardes municipaux, vu la spécialité de leur service dans
Paris, n'avaient pas été compris d'abord au nombre des corps
qui enverraient des hommes et des chevaux à la caserne de
Sens. M. Carrelet, leur colonel, en fit admettre dix. Voici
comment cet officier, aujourd'hui général, termine son rapport au président de la commission :

« Les écuyers auxquels on parlera des leçons de M. Bau-
« cher et de leur résultat seront probablement, comme nous,
« un peu incrédules avant d'avoir vu ; mais quand le résultat
« est évident, il faut bien se rendre, quelque peine qu'on
« éprouve à sacrifier les habitudes de trente ans, habitudes
« invétérées et auxquelles on a cru comme à l'Evangile. Tous
« les officiers et sous-officiers de la garde municipale sont
« unanimes pour approuver les procédés de M. Baucher.
« Nous avons assisté à l'éducation de 40 chevaux de troupe
« plus ou moins difficiles, et nous sommes convaincus que par
« ce système, ils ont été plus avancés en quinze jours qu'ils
« ne l'auraient été en six mois par les procédés que nous sui-
« vons habituellement. J'ai une telle confiance dans ces nou-

« veaux principes, que je vais les faire appliquer à tous les
« chevaux de mes cinq escadrons. »

Enfin M. le général Oudinot, résumant dans son rapport au
ministre de la guerre, et son opinion personnelle et celle
de tous les membres du comité, émet, entre autres arguments
en faveur de la nouvelle méthode, les considérations sui-
vantes :

« Les membres de la commission chargés de constater les
« avantages et les inconvénients de la méthode de M. Baucher
« se plaisent à reconnaître que le système auquel cet écuyer
« a attaché son nom est destiné à abréger sensiblement l'in-
« struction des jeunes chevaux et à répandre le goût de l'équi-
« tation dans l'armée. Leur opinion ne se fonde pas seulement
« sur les résultats que présente la prompte instruction des che-
« vaux dressés en leur présence d'après la nouvelle méthode;
« ils basent encore leur conviction sur l'étude raisonnée qu'ils
« ont faite de la méthode elle-même.

« Ces officiers ont compris comme moi, monsieur le maré-
« chal, qu'il fallait étudier à fond le système nouveau avant
« d'avoir le droit d'émettre un avis consciencieux. Ils ont
« pensé que, pour apprécier progressivement et la base et les
« moyens d'enseignement que cherche à propager M. Baucher,
« il était nécessaire de devenir d'abord ses disciples. Aussi,
« tous les membres de la commission montent-ils tous les
« jours à cheval avec lui dans son manége... Les principes
« mis au jour par M. Baucher sont un grand et incontestable
« progrès. Cette conviction, monsieur le maréchal, s'affermit
« de plus en plus dans l'esprit des membres de la commission.
« A mesure qu'ils approfondissent la méthode, ils apprécient
« mieux sa supériorité... MM. les membres du comité supé-
« rieur de cavalerie se sont transportés sur le terrain des

« exercices et ont été témoins d'un résultat qui a dépassé leurs
« espérances et les miennes. »

Un succès constaté par de pareils témoignages, s'il n'assu-
rait pas le triomphe définitif du nouveau système, n'en était
pas moins très-encourageant pour son auteur. M. le ministre
de la guerre vint y ajouter encore l'autorité de son approbation. Vers la fin de l'expérience, il voulut juger par lui-même
des résultats qu'elle présentait. Il se rendit en personne à la
caserne de Sens, et, charmé de ce qu'il y vit, il en témoigna
à M. Baucher sa vive satisfaction.

Voulant pousser à fond cette épreuve et appeler un plus
grand nombre d'hommes compétents à se prononcer sur la valeur du nouveau système d'équitation, M. le maréchal Soult
décida, sur la proposition de M. le lieutenant général Oudinot,
que des essais auraient lieu successivement à Paris, sous la
direction de M. Baucher; au camp de Lunéville, sous celle
de son fils; et à l'école de cavalerie où les officiers de cette
école qui avaient déjà étudié avec M. Baucher et seraient mis
à même de compléter leurs études, pourraient diriger le travail par eux-mêmes.

La première épreuve devait se faire exclusivement par les
capitaines et lieutenants instructeurs des régiments de cavalerie en garnison dans la première division militaire. Vingt-
deux de ces officiers furent donc mandés à Paris, et placés sous
les ordres de M. le chef d'escadron Grenier, du 9ᵉ cuirassiers,
pour être initiés par M. Baucher à tous les détails de sa méthode.

On peut se figurer avec quelles dispositions arrivèrent ces
officiers tous anciens élèves de l'école de cavalerie, ayant étudié, étudiant tous les jours avec zèle leur état, et peu portés à
admettre qu'un homme étranger à l'armée pût leur apprendre
quelque chose concernant leur profession. Il faut cependant

leur rendre cette justice : s'il y avait chez eux scepticisme, ils n'étaient cependant pas animés d'une hostilité systématique ; ils ont même montré dans cette circonstance une franchise et une abnégation qui fait le plus grand honneur à la loyauté de leur caractère. Ils ont disputé le terrain pied à pied, mais ils se sont toujours rendus sincèrement à l'évidence. C'était même un spectacle aussi curieux qu'intéressant, d'assister à ces discussions vives, animées, brillantes, mais toujours franches et convenables.

Fidèle, du reste, à notre promesse, nous allons encore ici laisser parler les faits. A la fin du travail, chacun des vingt-six officiers a dû adresser le résumé de ses observations au président de la commission. Prenant au hasard l'une de ces pièces, voici comment nous trouvons que s'y exprime M. Desondes, capitaine instructeur au 8ᵉ hussards :

« Je n'essayerai pas de le dissimuler : lorsque je fus appelé « à Paris pour étudier la méthode de M. Baucher, je me faisais « un malin plaisir de lui amener dans mon cheval un sujet « que je croyais destiné à donner un démenti à son système. « Un carrossier d'une charpente extrêmement forte et très- « vigoureusement musclé ; une encolure massive, surchargée « même ; une tête forte et lourdement attachée ; puissance « très-grande dans le devant, le train de derrière moins for- « tement constitué ; jarrets défectueux ; prédominance des « parties antérieures sur les parties postérieures, tel était mon « cheval. Aussi, avant d'être soumis à la méthode, il s'ap- « puyait sur le mors et m'opposait par ses contractions d'en- « colure des résistances qui paralysaient complétement tous « les moyens que l'ancienne équitation pouvaient me suggérer « pour m'en rendre maître. Eh bien, ce lourd carrossier est « devenu, par sa légèreté, un cheval de selle ; il est plus que « ramené, il est au rassembler presque complet, et commence

« déjà le piaffer. L'expérience m'a donc donné une leçon aussi
« profitable pour moi qu'elle l'a été pour mon cheval. »

Voici maintenant un extrait du rapport de M. le chef d'escadron Grenier, chargé du commandement immédiat des
officiers détachés à Paris :

« Les officiers appelés à Paris pour étudier la méthode d'é-
» quitation de M. Baucher n'étaient pas tous arrivés avec la
« croyance qu'on pût leur apprendre quelque chose. Aussi,
« dans le commencement, il y avait peu de confiance de la
« part de ces officiers dans leur nouveau professeur; quel-
« quefois de l'opposition, mais toujours de la bonne volonté
« et du zèle. Peu à peu la confiance est venue, l'opposition a
« disparu, mais ce n'est qu'au bout du premier mois, après
« vingt-cinq leçons environ, que tous les officiers, sans excep-
« tion, ont compris la méthode et reconnu la supériorité des
« principes de M. Baucher sur ceux qui étaient connus de nous.
« Avant de partir, chaque officier m'a remis un rapport sur
« son opinion particulière relativement à la méthode, et sur
« l'application qu'on peut en faire dans la cavalerie. Tous
« reconnaissent avoir tiré un grand parti de leur travail, tous
« approuvent le système et désirent son application dans les
« régiments... En exprimant mon opinion sur la méthode de
« M. Baucher, je puis donc m'appuyer de celle de vingt-deux
« officiers de cavalerie, qui, par leur position d'instructeurs,
« peuvent être considérés comme juges compétents. »

Tous ces messieurs voulurent, du reste, donner à M. Baucher un témoignage authentique et particulier de leur satisfaction; ils lui remirent une chaîne, très-belle, qu'ils avaient
fait confectionner à frais communs, et dont chaque anneau
portait gravé le nom de l'un des vingt-six donateurs.

De retour à l'école de cavalerie, M. de Novital s'était oc-
cupé immédiatement de former quelques instructeurs, et dès

qu'ils furent assez avancés pour le seconder efficacement
dans le professorat du nouveau système, il l'appliqua sur un
certain nombre de chevaux neufs ou difficiles. Le résultat, en
dépassant ses espérances, vint confirmer l'opinion qu'il avait
déjà émise après les premières expériences faites à Paris. Dans
l'exposé qu'il fait au ministre de la progression de son travail,
il réfute d'une manière concluante les principales objections
que l'on avait opposées à la nouvelle méthode :

« Les premiers essais sont terminés. Les mouvements prin-
« cipaux de l'école de peloton à cheval, la course des têtes, la
« charge, ont complété le travail. Ainsi, trente-cinq leçons ont
« suffi pour parfaire l'instruction des chevaux dociles ou re-
« belles qui m'ont été confiés. L'ébauche du cheval, c'est-à-dire,
« le travail en bridon prescrit par l'ordonnance, réclamait à
« lui seul un laps de temps plus long, au bout duquel on osait
« à peine prendre la bride. Sous ce rapport, le nouveau sys-
« tème est d'une immense utilité pour la cavalerie. Mais la
« promptitude avec laquelle on peut mettre des chevaux neufs
« dans le rang n'est pas le seul avantage que présente la nou-
« velle méthode ; elle garantit en outre la conservation du che-
« val ; elle développe ses facultés et ses moyens; ainsi ils gran-
« dissent par l'harmonie, par le rapport des forces entre elles,
« par leur usage rationnel et opportun. Ce n'est pas l'emploi
« immodéré de la force qui fait triompher d'un cheval rebelle,
« mais l'emploi bien combiné d'une force ordinaire. Le sys-
« tème Baucher doit être regardé comme éminemment con-
« servateur, puisque le dressage bien gradué, bien combiné,
« ne peut avoir de fâcheuses influences sur le physique du che-
« val...

« La vitesse des allures a été mise en doute et contestée.....
« Aux allures ordinaires, au trot allongé même, le cheval ac-
« quiert par le *ramener* une nouvelle vigueur..... La docilité

« qu'acquiert le cheval soumis à la mobilisation est chose di-
« gne de remarque. Dès le premier jour, pas un seul des che-
« vaux qui viennent d'être dressés par la nouvelle méthode
« n'a été impressionné ni par le feu ni par le choc des armes
« ou autres bruits de guerre : le cheval est tout à son cava-
« lier..... Il ne faut qu'essayer le système pour s'y livrer avec
« ardeur ; il est entraînant, il séduit et absorbe ceux qui le
« comprennent, qui en ont mûri la théorie si claire, si ration-
« nelle. Je dirai plus : grâce à cette théorie, l'équitation, con-
« sidérée jusqu'à présent comme un art, devient une science
« exacte. »

Les expériences faites à Lunéville furent plus concluantes
encore, s'il est possible. On opéra là sur une vaste échelle.
Quarante officiers instructeurs de l'artillerie et de la cavalerie
furent réunis aux états-majors des quatre régiments de dragons
qui formaient au camp la division de manœuvres. Un comité
directeur composé de MM. le général Gusler, le lieutenant-co-
lonel Mermet, les capitaines de Juniac, de Choiseul et Gros-
Jean, fut chargé de suivre l'application que l'on fit du système
sur tous les chevaux d'officiers détachés au camp et sur les
jeunes chevaux de la division de dragons. Ce comité fut chargé,
en outre, de reviser l'instruction provisoire qui avait été rédi-
gée pour la mise en pratique dans la cavalerie du nouveau système de dressage des chevaux. Dans l'impossibilité où nous
sommes de reproduire tout le rapport rédigé par le comité,
nous nous contenterons d'en citer les conclusions :

« La commission, après avoir pesé les avantages du nouveau
« système, demeure convaincue qu'il est appelé à rendre les
« plus grands services à la cavalerie.... Conformément à vos
« intentions, mon général, elle s'est affranchie de toute pré-
« vention ; elle s'est fait un devoir d'exprimer sa pensée tout
« entière, résultat d'une conviction profonde, puisée dans l'é-

« tude de la nouvelle méthode et dans les expériences qui ont
« été faites sous vos yeux. La sollicitude éclairée de M. le ma-
« réchal ministre de la guerre est un sûr garant que cette mé-
« thode trouvera en lui un puissant protecteur, et que toutes
« les troupes à cheval pourront bientôt mettre à profit les im-
« portants avantages que procure son application. »

Pour rendre plus manifeste aux yeux de tout le monde les
avantages et les inconvénients de la nouvelle méthode, on organisa au camp un grand carrousel, composé de chevaux de
toute nature, dressés d'après ce système. Les cavaliers exécu-
tèrent, en présence d'un public nombreux et à la satisfaction
générale, tous les exercices les plus compliqués de l'équitation,
exercices qu'on ne pouvait demander antérieurement, et
après un long travail, qu'aux chevaux les plus heureusement
organisés.

IV.

Ainsi donc, la moitié environ des officiers instructeurs de
la cavalerie, après s'être livrés, à Paris ou à Lunéville, à l'é-
tude théorique et pratique du nouveau système d'équitation,
en reconnaissaient à l'unanimité la supériorité et demandaient
au ministre de la guerre de doter l'armée de cette utile innovation. Il n'y avait plus à hésiter pour le maréchal Soult ;
et si, dès ce jour, la question fut résolue dans son esprit, il
voulut cependant, par une dernière épreuve, justifier aux yeux
même des personnes les plus prévenues la nécessité d'une
réforme qu'il lui paraissait désormais indispensable d'a-
dopter. Il décida, en conséquence, que tous les capitaines et les
lieutenants instructeurs qui n'avaient pas assisté aux cours
faits antérieurement par M. Baucher ou par son fils, se réuni-
raient, à Saumur, à l'état-major de l'école de cavalerie, pour

y suivre, pendant deux mois, les leçons de ces deux écuyers.

Mais plus le succès des nouveaux principes paraissait assuré, plus aussi ceux qui s'en étaient déclarés les adversaires systématiques redoublaient d'efforts pour en empêcher le triomphe définitif. Leurs écrits, victorieusement réfutés par des écuyers civils, ne furent pas combattus avec moins d'avantage, sous le point de vue militaire, par plusieurs officiers de cavalerie. M. Auguste Delard, entre autres, capitaine instructeur au 9ᵉ de cuirassiers, en répondant avec autant de verve que de logique, dans le *Spectateur militaire*, aux détracteurs de la nouvelle méthode, leur avait ôté l'envie de continuer la lutte sur un terrain où ils étaient loin de briller. Ils changèrent donc de tactique. Abandonnant la sphère élevée d'une discussion loyale et franche, ils descendirent dans les tristes régions de l'intrigue ; ils mirent en œuvre, pour parvenir à leurs fins, ces menées sourdes, ces insinuations détournées, tous ces petits moyens, en un mot, peu dignes, mais toujours perfides, auxquels ne craint pas souvent de recourir un adversaire aux abois.

M. Baucher ressentit l'influence de leurs manœuvres dès son arrivée à Saumur. Le cours qu'il venait y faire avait été placé sous la haute direction du lieutenant général de Sparre. Avant de quitter Paris, l'écuyer avait vu ce général, qui ne lui avait communiqué aucune instruction relativement à sa mission. Quel ne fut donc pas l'étonnement du professeur lorsqu'à son arrivée à l'école, on lui remit au nom du général de Sparre, et avec ordre de se renfermer, pour son cours, dans ce cadre rétréci, une espèce de manuel pour le dressage des chevaux, basé, il est vrai, sur sa méthode, mais tellement tronquée et dénaturée, qu'il avait peine lui-même à l'y reconnaître. Ne pouvant concevoir qu'on eût pris une pareille détermination sans en conférer préalablement avec lui, il y vit pour le moins un manque de convenance blessant, et persuadé que sa méthode, interprétée ainsi, devenait à peu près inutile, il se disposa à repartir immédiatement pour Paris. Le général Prévost, commandant l'école de cavalerie, lui persuada d'attendre le général de Sparre afin de s'expliquer avec lui. Celui-ci arriva bientôt, et l'explication eut lieu immédiatement. M. Baucher a raconté dans un écrit tous les détails de cet entretien; le général de Sparre vivait encore à l'époque où parut cette publication; aucune des particularités qu'elle contient n'a été démentie; et il en est en vérité de trop curieuses pour que nous n'en gratifiions pas nos lecteurs.

« Dès que le général m'aperçut, dit l'écuyer, il débuta par « ces mots :

« — *Nous voulons bien de votre méthode, mais nous ne voulons pas d'équitation.*

« A cela je ne pus m'empêcher de répondre : — Il faudrait, « avant d'aller plus loin, général, nous expliquer sur la valeur « des mots, ou bien attendre l'apparition d'un nouveau dic-« tionnaire.

« Le général m'objecta ensuite que puisqu'on s'était servi « jusqu'à ce jour de la jambe droite pour faire tourner le « cheval à droite, il ne voyait pas qu'il fût utile de changer. « J'exposai toutes les raisons qui m'avaient déterminé à mo-« difier ce principe, sans pouvoir ébranler des convictions « arrêtées; mais le général finit par me proposer l'arrange-« ment suivant :

« — Faites une chose, me dit-il, et nous serons d'accord : « *ne parlez pas des jambes dans votre cours.*

« J'avoue que je restai confondu. »

On le serait à moins. Voici donc un officier général chargé de la direction d'une expérience touchant à l'instruction, à l'organisation même de la cavalerie, qui veut de l'aptitude équestre sans équitation, et propose sérieusement de ne rien dire des jambes du cavalier dans l'exposé d'un art qui repose, en majeure partie, sur l'emploi judicieux que l'on sait faire de ces importants et indispensables moteurs! Le général de Sparre, après les expériences de Paris et de Lunéville, avait approuvé, comme presque tous ses collègues du comité de cavalerie, le nouveau système d'équitation. L'opposition inqualifiable qu'il venait manifester ici ne peut donc s'expliquer par les excentricités habituelles de son caractère ; elle était l'effet d'une réaction dont nous indiquerons l'origine. Quoi qu'il en soit, voyant M. Baucher bien décidé à renoncer à son cours si l'on ne lui laissait la même latitude que par le passé, le général n'insista plus et le laissa libre d'agir comme il l'entendrait.

Soixante et douze officiers instructeurs de cavalerie, y compris ceux attachés à l'état-major de l'école, étaient réunis à Saumur attendant le résultat de la discussion qui venait de surgir entre le professeur et l'inspecteur général. Dire que les dispositions de ces messieurs envers le nouveau système fussent hostiles serait exagérer peut-être, mais dans tous les cas ils en manifestaient de très-peu favorables. Cela, du reste, se conçoit : la plupart de ces officiers appelés de fort loin, arrachés à leur corps et aux habitudes que l'on s'y crée, s'étaient vus forcés, pour venir se livrer à des études peut-être inutiles, de supporter des frais que ne couvrent jamais les suppléments de solde alloués pour ces sortes de déplacements. Fatigués en outre des changements continuels que leur impose, depuis quinze ans, la bureaucratie tracassière de la guerre, ils pensaient que cette innovation était encore l'œuvre de l'un de ces brouillons administratifs qui, dans l'administration militaire plus que partout ailleurs, semblent ne s'être imposé d'autre tâche que de faire, défaire, et refaire éternellement toutes choses.

A l'école même, M. de Novital, lors des premiers essais, ayant été obligé de se faire seconder par des instructeurs très-imparfaitement versés dans la pratique de la nouvelle méthode, il en était résulté des tâtonnements, des résistances, de légers accidents, qui avaient fait naître le doute dans les esprits les moins prévenus. Ces conditions, on le voit, étaient peu favorables pour M. Baucher et son système.

Eh bien, ici comme à Paris, comme à Lunéville, comme partout où l'on a voulu mettre de la bonne foi et du zèle à s'instruire, toutes ces mauvaises dispositions ont graduellement disparu devant l'évidence des faits. Ces soixante et douze officiers, si mal disposés, dans le principe, appelés à se prononcer à la fin du cours, et à motiver par écrit leur opinion, ont, à l'unanimité, *moins trois*, approuvé la méthode et demandé son adoption. Nous ne pouvons donner ici des extraits de tous ces rapports, et c'est fâcheux. Ces messieurs ne se contentent pas d'approuver : ils combattent aussi les objections qui ont été émises, entre autres, la prétention ridicule de chercher à distinguer l'équitation du dressage du cheval, et cette manie de vouloir tronquer un système dont toutes les parties sont indissolublement liées entre elles. Qu'il nous suffise, ne pouvant faire davantage, de citer au moins l'opinion du général Prévost, commandant de l'école :

« J'ai suivi et pratiqué avec autant d'exactitude que d'inté-
« rêt le système de M. Baucher. Cette méthode rend le dres-
« sage du cheval facile, prompt et certain ; elle donne au
« cavalier l'intelligence de l'action équestre, lui fait aimer l'é-
« quitation, parce qu'on exécute avec goût, et qu'on fait avec
« intelligence et facilité... La progression que suit M. Baucher
« est admirable, et ne peut manquer de mener à des résultats
« satisfaisants et à des succès avantageux pour la cavale-
« rie... »

Quant au général de Sparre, après s'être montré deux ou trois fois au manège, au commencement du cours, il disparut de Saumur, et n'y revint que pour ordonner la clôture du travail. Nous ignorons quel a été son rapport au ministre ; mais ce que nous savons, c'est que, n'ayant pas assisté à des expériences qu'il était chargé de diriger, il n'a pas même daigné consulter, pour éclairer son opinion, un seul des officiers qui les avaient suivies. Nous avons, d'ailleurs, sous les yeux une lettre de lui, dans laquelle il se déclare incompétent en équitation. C'est franc ; mais il est fâcheux qu'appelé, plus tard, à se prononcer sur cette question, il n'ait pas eu le courage de se récuser.

Quoi qu'il en soit, le ministre de la guerre ordonna, après les expériences de Saumur, que le nouveau système d'équitation serait mis provisoirement en pratique dans tous les régiments de cavalerie. Chaque année, les chefs de corps et les capitaines instructeurs durent adresser des rapports particuliers au comité de cavalerie, afin qu'il jugeât sur ces pièces et en dernier ressort.

Nous ne trouverons plus ici la même unanimité d'opinion que dans les occasions précédentes ; et il est bon d'en expliquer la cause. Presque aucun des colonels de cavalerie n'avait été mis à même de pratiquer avec un bon guide la nouvelle méthode d'équitation. Un certain nombre, trop âgés pour se refaire écoliers, justifiaient, en outre, cette parole du général Carrelet : qu'on ne renonce pas volontiers à la routine et aux habitudes de trente années. Ils ne pouvaient donc guère juger le nouveau système que par induction, d'après le livre, ou d'après l'application plus ou moins intelligente qu'ils en voyaient faire dans leurs régiments. Or, au nombre des capitaines instructeurs, il en est aussi qui ne sont plus à cet âge où l'on renonce sans efforts aux habitudes acquises. Tous, à

peu près, avaient bien compris et apprécié les nouveaux principes ; mais ils ne les avaient pas étudiés assez longtemps avec
le maître pour pouvoir, livrés à eux-mêmes, les pratiquer et
surtout les professer convenablement. De là, les fausses inter-
prétations, les erreurs, les dégoûts, et par suite, les opinions
indécises ou contraires, manifestées, après bien des tâtonnements, par plusieurs de ces officiers.

Malgré cette condition naturellement défavorable, sur
cent deux qui se sont prononcés sur la méthode, *quatre-vingt-
trois* l'approuvent avec ou sans modifications ; *dix-neuf* seulement la repoussent.

Nous avons entre les mains les copies d'un grand nombre
de rapports, tant contraires que favorables, qui ont été rédi-
gés par les colonels ou capitaines, à l'appui de leurs opinions.
Il n'en est pas un d'opposé qui ne se base sur de fausses don-
nées ou sur une interprétation erronée du système. Ceux qui
approuvent, au contraire, remarquables par la lucidité, par
la justesse de leurs définitions, suffiraient, ne fussent-ils qu'à
nombre égal, pour réfuter complétement, aux yeux d'un juge
impartial et compétent, les arguments qui aboutissent à une
conclusion différente. Nous voudrions, afin d'éclairer nos lecteurs, pouvoir reproduire ici, à côté des rapports défavora-
bles, les opinions émises par MM. le colonel de Gouy, le chef
d'escadron de Peyramond, les capitaines Delard, de Kersa-
laün, Lafitte et par tant d'autres que nous pourrions citer. On
jugerait alors si, en présence de documents aussi explicites,
le comité de cavalerie pouvait hésiter un seul instant sur le
jugement qu'il avait à prononcer. Mais, afin de nous bien
éclairer sur la portée de la détermination qu'il a jugé conve-
nable de prendre, il est bon de connaître, avec le personnel
de ce comité, l'aptitude de chaque membre et le rôle qu'il a
joué dans cette circonstance.

Le comité de cavalerie appelé à prononcer sur la nouvelle méthode d'équitation se composait de MM. les lieutenants généraux Dejean, de Sparre, de Lavœstine, Desmichel, Oudinot, Wathiez et Denniée, intendant général. Les deux premiers de ces sept officiers généraux n'ont jamais étudié personnellement la méthode; mais, après avoir vu le résultat des premières expériences, ils l'avaient d'abord approuvée. M. de Lavœstine l'a toujours repoussée; et c'est pour cela, sans doute, qu'il n'a jamais rien fait pour s'éclairer. Le général Desmichel, quand on lui parla de cette innovation, répondit qu'on avait fait sans elle les campagnes d'Italie et d'Allemagne, gagné les batailles d'Austerlitz et de Wagram, et qu'il ne voyait pas l'utilité de rien changer. Ce brave général, du reste, n'était pas le seul de cette opinion : nous pourrions citer quelques colonels qui la partageaient avec lui. On sait la part qu'a prise à tout ceci le général Oudinot. Le général Wathiez, après avoir suivi attentivement les expériences faites dans plusieurs corps de cavalerie et particulièrement dans la garde municipale, a toujours soutenu ce système, dont l'efficacité n'offrait pour lui aucun doute. Enfin, l'intendant général Denniée, ayant aussi à émettre son avis, ne voulut pas le faire sans connaissance de cause : il assista souvent aux leçons du manége, fit dresser un cheval sous ses yeux, et, convaincu par ce qu'il vit, approuva la nouvelle méthode.

Ainsi donc, quelque anormale que fût cette réunion, le nouveau système y réunissait pourtant, dans le principe, une grande majorité; et, en supposant, ce qui n'était pas probable, que le général Desmichel persistât dans son opiniâtreté de vieux soldat, il y aurait eu encore cinq voix contre deux pour accorder à la cavalerie une réforme qu'elle réclamait presque à l'unanimité. Mais elle avait compté sans l'un de ses officiers généraux, le plus jeune, le plus incompétent, peut-être, ét, à ce qu'il paraît, cependant, le plus puissant de tous, par le seul fait de sa naissance : nous voulons parler de **M.** le duc de Nemours.

V.

M. le duc de Nemours s'était montré très-indifférent, dès le principe, au nouveau système d'équitation. Lorsque le duc d'Orléans, son frère, suivait avec intérêt et persévérance les expériences diverses qui se faisaient à Paris, le duc de Nemours, obligé de l'accompagner dans ses investigations, s'y faisait remarquer par une nonchalance, un dédain, un ennui qu'il ne cherchait pas même à dissimuler. Son opinion, peu importante à cette époque, a dû avoir ensuite plus de poids; et l'on peut dire que c'est lui, lui seul qui a privé l'armée d'une innovation aussi utile que profitable. C'est à son influence, sans doute, qu'est dû le changement de dispositions de MM. Dejean et de Sparre, et c'est à son influence aussi qu'a été obligé de céder le ministre de la guerre lui-même.

L'opposition du duc de Nemours était-elle au moins fondée sur quelque chose pour qu'il pût se prononcer souverainement dans une question aussi grave? Comme habileté équestre, on sait ce que sont les princes; leur vie est trop précieuse pour qu'on la confie à des chevaux un tant soit peu difficiles : on cherche à les poser majestueusement en selle, et voilà tout. Quant au duc de Nemours personnellement, il n'a jamais étudié la nouvelle méthode, et ce qu'il en a vu n'aurait dû que le prévenir favorablement. Il a été témoin, à Paris, du résultat des premières expériences; il a assisté, à Lunéville, à un carrousel exécuté par de jeunes chevaux dressés en vingt-six jours d'après les nouveaux principes; il a pu consulter tous les officiers qui les ont étudiés, et dont nous avons cité les témoignages. Les moyens de s'éclairer ne lui manquaient donc pas. Il a préféré s'en rapporter à son propre jugement. Il en est qui disent que son opinion, en ceci, n'est que la conséquence d'une aberration d'esprit; d'autres prétendent qu'elle est le résultat des intrigues de certains adversaires de la nouvelle méthode, qui ont trouvé accès auprès du prince. Peu importe, quant à nous, le motif qui l'a guidé, mais il n'en est pas moins déplorable de voir les intérêts les plus graves de l'armée livrés à de pareilles influences.

Mais quelles raisons donne au moins M. le duc pour justifier son opposition? une seule : — Je ne veux pas, dit-il, d'un système qui prend sur l'impulsion des chevaux.

Que dire de ce : *Je ne veux pas?* Outre que cette objection est étrangement formulée, elle n'a pas le moindre fondement. Qu'entendez-vous donc par impulsion? Est-ce cet élan déréglé d'un coursier emporté, furieux, que rien n'arrête plus que la muraille ou le rocher contre lequel il vient se briser? Est-ce cette vitesse factice et dangereuse des chevaux de course, que l'on n'obtient qu'aux dépens de leur organisation, en les jetant sur leurs épaules, en les soutenant avec peine du bridon, et qui occasionne tous les jours les accidents funestes que nous avons à déplorer? Est-ce enfin cet emportement outré, cette course à fond de train d'un escadron mal conduit, que le décousu, le désordre de sa manœuvre livre bientôt à la merci de l'ennemi? Si c'est là ce que vous voulez poser en principe équestre, dites-le. Mais non, vous n'oseriez l'avancer, car l'impulsion, pour être efficace, a besoin surtout d'être ici maîtrisée. Soutenir le contraire serait absurde, et c'est cependant sur cette absurdité que vous vous appuyez pour étouffer une découverte utile à l'instruction de notre armée. Nous ne pouvons pas reprocher au ministre de la guerre de n'avoir pas su apprécier cette innovation, puisqu'il a cherché à la faire prévaloir ; mais ce dont on a le droit de lui demander compte, c'est de n'avoir pas usé de l'autorité suprême que lui donne son rang pour annuler la décision du comité de cavalerie, et déjouer les intrigues de l'ignorance et de la passion.

Mis en demeure de s'expliquer sur les motifs qui l'avaient déterminé à faire cesser dans la cavalerie l'application du nouveau système d'équitation, voici les objections étranges que le ministre de la guerre, ou plutôt la majorité du comité supérieur qui a fait signer au maréchal cette pièce, a émises dans une lettre adressée à M. Baucher, le 9 juillet dernier :

« Et d'abord, j'ai constaté que votre système de dressage
« était inséparable de votre méthode d'équitation ; que le dé-
« partement de la guerre n'avait point à apprécier les avan-
« tages ou les inconvénients de cette méthode appliquée aux
« services civils, et que j'avais à résoudre une seule question,
« celle de savoir si elle offrait des avantages militaires ; en
« d'autres termes, si votre système de dressage et une partie
« de vos principes d'équitation pouvaient être substitués avec
« avantage au mode déterminé par l'ordonnance du 6 décem-
« bre 1829 sur l'exercice et les évolutions de la cavalerie.

« Un examen attentif de cette question m'a démontré :

« Que les principes que vous avez posés ne pourraient être
« suffisamment bien enseignés aux militaires qui restent trop
« peu de temps sous le drapeau pour devenir des écuyers ca-
« pables de les comprendre et de les appliquer sans danger
« pour eux et pour leurs montures ;

« Que d'ailleurs votre méthode, plus ou moins efficace pour
« des chevaux de manége, rendrait les chevaux de troupe trop
« fins et trop susceptibles pour pouvoir supporter la pression
« et la gêne du rang ;

« Qu'enfin l'excès de finesse pouvait être nuisible au cheval
« de rang, et que demander à ce cheval une instruction plus

« étendue que celle de l'ordonnance de 1829, plus de suscep-
« tibilité que n'en comporte le genre de service qu'il est appelé
« à rendre, était incompatible avec les exigences des manœu-
« vres et des évolutions. »

Nous gagerions volontiers que l'auteur de cette lettre assez
incompréhensible est un commis de bureau, encore moins
fort en équitation qu'en style, et qui n'a jamais monté à cheval. Que signifie en effet cette découverte d'un système de dressage chez un écuyer, inséparable de sa méthode d'équitation ?
Est-ce que par hasard on aurait la prétention de vouloir dresser un cheval à l'aide de certains procédés, pour le monter et le
conduire ensuite en employant des procédés contraires ? Comment peut-on dire que la nouvelle méthode si simple, si clai-
rement définie, serait au-dessus de l'intelligence des cavaliers,
lorsque les expériences ont démontré que non-seulement le
commun des soldats comprenaient promptement les nouveaux
principes, mais qu'avec leur aide, ils obtenaient de leurs chevaux en vingt ou trente jours ce qui exigeait antérieurement
six mois de travail ?

Quant à cette assertion que l'emploi du nouveau système
rend les chevaux trop fins, où donc la puisez-vous ? Tous les
rapports vous disent au contraire que cette méthode amène rapidement ces animaux à un calme, à une obéissance telle,
qu'ils supportent sans s'émouvoir et le choc des armes, et les
détonations de la mousqueterie. On n'a jamais prétendu, d'ailleurs, qu'il fallût dans tous les cas pousser l'application des
nouveaux principes jusqu'à leurs dernières conséquences et
faire de chaque cheval d'escadron un cheval fini pour le manége. Vouloir faire de la haute école dans le rang, serait évidemment absurde et dangereux ; et c'est pour cela qu'on a fixé
les différents degrés d'instruction auxquels devaient être
poussés les chevaux de troupe et les chevaux d'officiers, cha-

cun suivant les exigences du service qu'ils sont appelés à rendre. Voilà cependant les merveilleuses considérations sur lesquelles prétend s'appuyer le comité supérieur, ou, pour mieux dire, M. le duc de Nemours, pour se mettre en opposition avec l'immense majorité des officiers de cavalerie !

Résumons les faits :

Il surgit un nouveau système d'équitation applicable à l'armée, et le ministre prend des mesures pour l'apprécier. Un lieutenant général très-capable, désigné le premier pour l'étudier, voit, interroge, pratique. Il approuve.

Une commission compétente, chargée de faire une expérience sur un certain nombre de chevaux, suit attentivement cette épreuve, l'étudie, la discute. Elle approuve.

Vingt-six officiers instructeurs sont appelés à Paris pour être initiés au nouveau système. Après six semaines d'expériences, ils l'approuvent.

Quarante autres officiers instructeurs, plus les états-majors de quatre régiments de dragons se livrent, à Lunéville, aux mêmes investigations. Ils approuvent.

Soixante et douze officiers, également instructeurs, travaillent pendant deux mois à Saumur avec le propagateur de la nouvelle méthode. Ils l'approuvent.

Enfin, elle est appliquée dans les régiments ; et, après deux ans d'essais, quatre-vingt-trois colonels ou capitaines, sur cent deux, approuvent.

D'autre part, qui voyons-nous d'un avis contraire? Une vingtaine de colonels ou capitaines plus ou moins éclairés sur la question.

Quatre officiers généraux, dans le comité supérieur, dont trois n'ont pas étudié ce qu'ils condamnent, et dont le quatrième veut arrêter le progrès des sciences militaires au point où elles étaient il y a trente ans.

Puis, en dernier lieu, S. A. R. M. le duc de Nemours.

C'est cependant cette dernière opinion qui a prévalu dans le comité de cavalerie, à la majorité d'une voix sur sept votants. Le public appréciera une pareille détermination.

Nous avons traité longuement cette question, parce qu'elle touche, selon nous, à deux considérations de la plus haute importance : à l'intérêt général d'abord, puis à la justice, à la morale publique.

L'intérêt général a été sacrifié à une influence qui devrait être sans autorité dans un gouvernement représentatif. Quant à la justice, on l'a méconnue à l'égard d'un homme qui, après avoir consacré sa vie à la recherche d'un progrès utile, avait démontré à tous les esprits impartiaux la réalité, l'efficacité de ses découvertes. S'il eût été placé dans une condition élevée, la renommée n'aurait pas eu assez de voix pour célébrer son mérite; mais son rang était obscur, et on l'a dédaigné. Ses envieux le croyant à terre ont voulu le présenter comme un imposteur; ils ont eu l'audace de dire et d'imprimer que son système, condamné déjà par tous les juges compétents, venait d'être enfin rejeté de l'armée comme absurde et mensonger. C'est pour cela que nous avons pris sa défense. Il ne sera pas dit que dans un pays d'égalité, de libre discussion comme la France, le talent, quel qu'il soit, ne devra se produire que patroné par le crédit et la fortune, ou que l'envie pourra impunément chercher à l'étouffer.

On a manqué aussi aux convenances, dont ne devrait jamais s'écarter une administration éclairée, en donnant à presque tous les officiers de cavalerie, et particulièrement à ceux que l'on avait consultés, un démenti blessant pour leur juste susceptibilité. Nous avons ressenti comme eux cette injure; et, si nous la relevons ici, c'est en témoignage d'une fraternité d'armes déjà ancienne qu'on a rompue violemment, mais dont nous conserverons toujours un vif et précieux souvenir.

CLÉMENT-THOMAS.

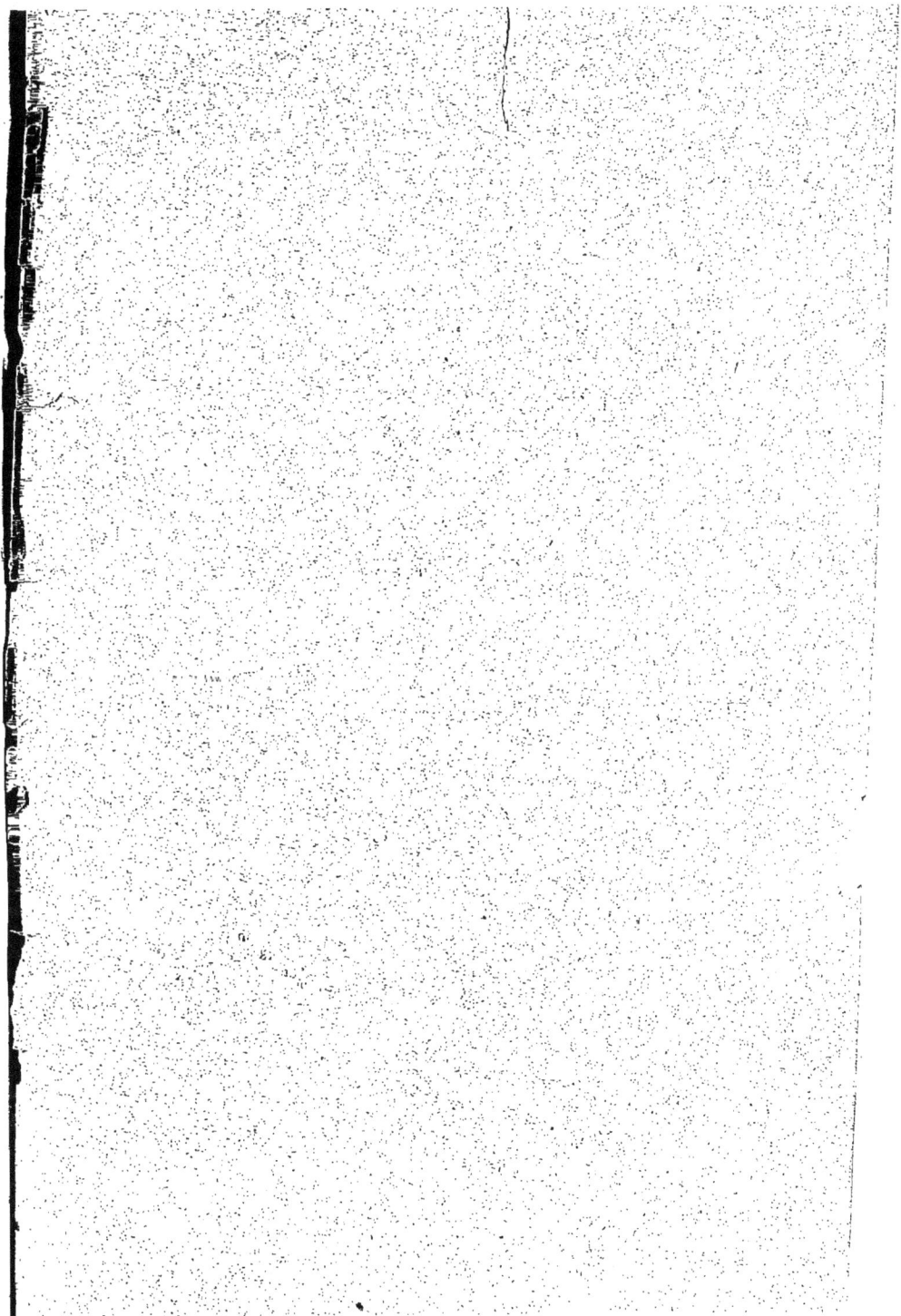

Ouvrages illustrés publiés par PAGNERRE, éditeur.

LIVRE DES ORATEURS

PAR TIMON

14ᵉ édition, contenant deux fois plus de matières que les éditions en petit format, illustrée par 27 magnifiques portraits gravés sur acier par l'élite de nos artistes. 1 vol. in-8° de 600 pages, imprimé avec luxe sur papier grand jésus vélin, glacé.
Prix . . . . 15 fr.
Le LIVRE DES ORATEURS est aussi publié en 30 livraisons à 50 cent.

OEUVRES COMPLÈTES DE M. DE LAMARTINE

Édition in-8° sur papier grand cavalier vélin, ornée du portrait de l'auteur par HESNIQUEL-DUPONT, et de 20 belles vignettes gravées sur acier. 8 vol. — Prix : . . . . 50 fr.

IMITATION DE JÉSUS-CHRIST

TRADUCTION NOUVELLE, AVEC DES RÉFLEXIONS A LA FIN DE CHAQUE CHAPITRE,

Par M. l'abbé F. de Lamennais.

Édition ILLUSTRÉE avec un grand luxe de typographie et de gravures. Un vol. in-8° grand jésus vélin superfin. — Prix : . . . . 12 fr. 50 cent.
Cette édition est aussi publiée en 25 livraisons à 50 cent.

HISTOIRE PITTORESQUE DES RELIGIONS

Coutumes et Cérémonies religieuses de tous les peuples du monde, par F.-T.-B. CLAVEL. 2 beaux volumes in-8° grand jésus vélin, illustrés de belles gravures sur acier dessinées par JEANNON. Le premier volume est en vente. Prix . . . . 10 fr.
L'ouvrage paraît aussi en 40 livraisons à 50 cent.

HISTOIRE PITTORESQUE DE LA FRANC-MAÇONNERIE

ET DES SOCIÉTÉS SECRÈTES,

Par F.-T.-B. CLAVEL, contenant le tableau de l'organisation, des établissements, des travaux, des cérémonies, des mystères, des symboles de la Franc-Maçonnerie, et l'histoire générale et anecdotique de toutes les associations secrètes anciennes et modernes. 5ᵉ édition. Un beau volume in-8°, ILLUSTRÉ par 25 jolies gravures sur acier. 12 fr. 50
L'ouvrage est aussi publié en 25 livraisons à 50 cent.

LES MYSTÈRES DE LA RUSSIE

TABLEAU POLITIQUE ET MORAL DE L'EMPIRE RUSSE

Histoire, géographie, politique, législation, administration, religion, institutions, armée, marine, industrie, finances, commerce, agriculture, mœurs publiques et privées. Ouvrage rédigé d'après les manuscrits d'un diplomate et d'un voyageur, par par M. FRÉDÉRIC LACROIX. Un volume in-8° grand jésus vélin, illustré de 50 belles gravures. — Prix : . . . . 15 fr.
L'ouvrage est aussi publié en 50 livraisons à 50 cent.

JOCELYN

PAR M. DE LAMARTINE

Édition Française, avec une nouvelle Préface de l'auteur et une Introduction par JULES JANIN. 1 vol. in-8° papier jésus vélin, orné de grandes vignettes, têtes de pages, culs-de-lampe, fleurons, etc., gravés sur bois d'après les dessins de MALGRU. — Prix : 12 fr. 50 cent.

Imprimerie SCHNEIDER et LANGRAND, rue d'Erfurth, 1.